Berichten van het front

Poëzie van Anna Enquist bij De Arbeiderspers:

Soldatenliederen (1991)
Jachtscènes (1992)
Een nieuw afscheid (1994)
Klaarlichte dag (1996)
De gedichten 1991-2000 (2000)
De tweede helft (2000)
Hier was vuur (2002)
De tussentijd (2004)
Alle gedichten (2005)
Kerstmis in februari (2007)
Nieuws van nergens (2010)
Gedichten 1991-2012 (2013)
Een kooi van klank (2013, Poëziegeschenk, CPNB)
Hoor de stad (2015)

Anna Enquist

Berichten van het front

Gedichten

Uitgeverij De Arbeiderspers / Amsterdam / Antwerpen

Eerste druk juni 2020
Tweede druk september 2020

Copyright © 2020 Anna Enquist

Niets uit deze uitgave mag worden verveelvoudigd en/of openbaar gemaakt, door middel van druk, fotokopie of op welke andere wijze ook, zonder voorafgaande schriftelijke toestemming van BV Uitgeverij De Arbeiderspers, Weteringschans 259, 1017 XJ Amsterdam.

Omslagontwerp: Marjo Starink
Omslagillustratie: Saskia Boelsums
Portret auteur: Bianca Sistermans

ISBN 978 90 295 4222 7 / NUR 306

www.arbeiderspers.nl

INHOUD

Oudjaarstoespraak 7

DEMETER

De godin 11
Phlegreïsche velden 12
Toestand 13
Afloop 14
In de sneeuw 15
Alles bloeit 16
Demeter en de ganzen 17
Ontluistering 18
Antwoord 19
Eindstation 20

HOOG, WIT, KOUD

Aan de rand 23
De hoogte 24
De vraagtekens 25
Geen geluid graag 26
En andersom 27
Ravel, Forlane 28
Populus alba 29
Uitzicht 30
De ijsbergen 31
Kompas 32

TER HOOGTE VAN HET GRAS

Naar beneden 35
Vakantie 36
Eerbied 37
Smaragdhagedis 38
Regeneratie 39
Museum 40
Japanse duizendknoop 41
De hop, upupa epops 42
Opluchting 43
Stof 44

BUUTVRIJ

Bloementheater 47
Uit de verte 48
De dwerg 49
Kleine theodicee 50
Boterdeeg 51
Cook nadert Kealakekua Bay 52
De schapentrog 53
De Harlingen-Terschelling Race 54
Aanzegging 55
Voor de stilte 56

Afscheidsgroet 59

Aantekeningen 61

OUDJAARSTOESPRAAK

Goedenavond deze laatste avond, ik spreek
tot u namens de werkgroep gedupeerde dichters,
de vereniging rouwende schrijvers en wens u
kinderen toe die niet de eindstreep halen
voor u zelf de drempel over bent, dit jaar.

Borelingen, kleuters, bijna groot, in volle bloei
– het verlies is leesbaar of verborgen. Kohlmeier,
Grossman, Riley en Thomése, de ledenlijst is langer
dan u misschien dacht. Zelfs Gardam! Drabble! Wij
schrijven door, u hoeft het niet te lezen,

die sombere kost uit onze keukens, met woede
bereid, te heet, te koud. U mag uw bitter bordje
laten staan, het is niet erg. Maar deze laatste avond
van het jaar wil ik u groeten en vertellen dat wij nog
bestaan, onmachtig weliswaar om zo'n heel jaar

te overzien, krom onder onze last, maar vlijtig
schrijvend aan de zinnen die wij schrijven moeten.
Wij kneden het gemis totdat het op de bladzij past.

Demeter

DE GODIN

Voor de gymnasiasten onder u: vanwaar
de verering voor Demeter, zachtaardige godin
van het korenveld, die ons leerde ploegen? Onzin,

zoetsappig. Ik volg haar zoektocht naar Kore; zij krijst
dag en nacht over bergen en velden. Zij voelt geen honger
of kou, zij is de naam van haar dochter. Tot ze weet

hoe het zit. Daar haak ik af – het kind is er nog,
zegt de zon die het zag, weliswaar ondergronds
maar intact; de heks Hekate biedt haar hulp.

Dan verstijft alle groei onder haar razernij; ze kwelt
en ze dreigt. Met bedrog, kuiperij en geweld krijgt ze
goeddeels haar zin. Driekwart jaar is de dochter van haar.

In het ene koude kwartaal is het winter voor ons allemaal.
Niets heeft ze te klagen, maar ijsregen ranselt ons beurs.
Ik vind dat geen reden voor bijval. Kortzichtige wraak.

PHLEGREÏSCHE VELDEN

Hé, wacht, daar gaat ze weer, stram
van gram, over de velden; kijk naar die
hoge benen, de paniekbliksem in die blik.

Op de akker vol doden kringelt
zwavel boven de verrotte buxus.
Brandende voetzolen heeft ze, een vraag
sist tussen haar tanden: hoe kan een kind
dat zo thuis was in leven zorgeloos
de onderwereld in duiken? Onachtzaam, blind?

Zij speurt naar verscholen toegang:
traptreden, holen en poorten. Gebrek
aan het kind kooit haar in moederschap.

Ze rukt aan de tralies. Krommer en grijzer
van dag tot versleten dag. Kijk hoe ze
nooit ontsnapt, nooit iets vindt.

TOESTAND

Als zij niet meer dobbelt in het voorportaal,
twist met de uitzinnige rover van het kind,

wat dan? Tijd krimpt tot lichtflitsen tussen
het ijverig tandenpoetsen. Na de nacht

halfhartige droomduiding, de losse flodders
laat ze liggen voor de opruimdienst.

Haar mederouwers, een woud van zwakke
pilaren, bekijkt ze zijdelings: nemen zij ruimte in

of zijn ze in de tijd? Ze haalt de schouders op.
Kind, het kind, haar kind, blijft kwijt.

AFLOOP

Ik zal het kort houden: de onderwereld
is opgeheven en winter is onze erfenis.

Tijd ligt ver voor op ruimte, dus weg
met haar huisraad, kleren en kleuterspul.

Het mens moeder toenemend verscheurd
tussen heden en levendig vroeger, spagaat

die zal knappen met vuurwerk, tornado's
en zachte puinregen. Rust, winter, sneeuw.

IN DE SNEEUW

Deken van sneeuw deze morgen, bitse
boodschap aan de krokus. Woedend,
tevreden beziet zij het braakland, godin
heersend over groei. En dan?

Met versteende voeten blijven zitten
in de ijsmodder, met ongeduld wachten
tot zwoele wind de komst meldt
van het vrijgegeven kind?

Zich verslikkend in koude lucht valt zij
uit haar spinsels. De tuin is de enige wereld.
Geen dochter in aantocht. Zij leeft niet
in het mythologieboek.

De kievitsbloem zal komen met hoekige
stengels; de onbarmhartige zomer gaat zij
knarsetandend verdragen, de warme appels
een marteling, een treurige vreugde.

ALLES BLOEIT

Nu met de kleinzoon in de tuin
waar alles bloeit. Ze lachen luidop
om de namen: stinkende gouwe,
engbloem, beenbreek, bilzekruid.
Aandachtig knielen ze bij elke plant.
Smeerwortel, heksenmelk. Het kind
beroert de bloemen met zijn hand.

Dat het dan donker wordt, er sneeuw
valt, hagelstenen neerstorten als
kogels: bitter koud, geen bloem
in zicht. Naar binnen, snel, weg
uit dit dodenrijk. Dat kan niet,
oma, kijk maar, wij zijn in de dag,
daar is de zon. Hij heeft gelijk.

DEMETER EN DE GANZEN

Zij ziet hoe ze zich verzamelen bij de rivier,
te laat, winter als lente. Ze gakken, kakelen,
verzinnen een plan, een uitweg, een besluit.

Opvliegen, wachten, weer landen. Het is tijd.
Is het tijd? De zwerm stijgt naar grijze wolken,
zwenkt en maakt vaart, een waaier achter de leider.

Achteraan links die ene: klapwieken, rondtollen,
afhaken, opvliegen, kwijtraken. Vleugellamme
lafaard? Bondgenoot? De oevers zijn te groen.

Heb mededogen of begrip. Maar dan een plotse
razernij dat zij zich niet kan voegen in een rij,
aarzelt en draalt, onmachtig iets te doen.

ONTLUISTERING

Zij heeft zichzelf een karig universum
toegestaan. Wat zich voordoet aan haar
is wat het is, niet meer. Zij keurt de stier
met boerenblik en maakt zich geen illusies
rond de zwaan. Wat er van goden rest
is in de ochtendmist stil opgegaan.

Nu is het zaak de treurwilg in haar eigen
pracht te zien, niet als vermomming
van een huilend kind. Demeter bijt
haar tanden stuk. Zij loopt, vuisten gebald,
de kale wereld in en zal zich
met de dingen gaan verstaan.

ANTWOORD

In de eenduidige wereld smeken zaken
om aandacht, taken om ijver, plichten
om tucht. Confituren, borduursteken,
alles mislukt de onachtzame. Waar zit
het lek, wat zuigt de brandstof elke dag weg,
knaagt aan haar kracht, vreet haar leeg?

Waar ze maar zit, knielt of staat vliegt
de afwezige aan, overmant haar en neemt
in beslag wat er is aan bloemknoppen,
nageslacht, wolkenlucht. Het ontbrekende
kind is zo heftig aanwezig maar kijkt
haar niet aan, zegt niets terug.

EINDSTATION

Wat zij doet in de trein, ov-chipkaart
eerste klas, 40 procent korting in de daluren?

Ze wil terug naar de mythen, tijdloos op vleugels
van hier naar daar, om die nieuwsgierige slons
te grazen te nemen, Pandora, stuk ongeluk,
die de rampen vrijliet uit het vat maar het deksel
– kijk uit voor je vingers! – dichtknalde
voor de hoop kon ontsnappen. Ze verlangt
naar kritiekloze tranen, warm badje
voor haar geteisterde wangen. Maar nee.

Uitzicht op witte weiden, wachten op de laatste
halte, uitstappen op een onbekend perron.

Hoog, wit, koud

AAN DE RAND

De sparren staan als wachters voor de bosrand,
daarachter alles: groei, verval, een schuwe
eland, hazenleger, hertenjong. Boleten,
varens, leverbloem. Een pad, een plaats.

Min achttien. Slijmvlies in de neus bevriest.
Boomkruinen laten ijskristallen los, zwevend

in glinstering. Daartussen kruisen vogels zonder vrees
met roestig hart: roodborst en appelvink.

Vergeet het. Sneeuw reikt tot de heupen.
Blijf hier maar staan, verlangend en verlamd.
Je wil het bos in maar je laat twijfel,
weerzin en uitputting ruim baan.

DE HOOGTE

Gebracht naar de hoogste hoogten
waar niets meer groeit, niets
dat je kent, geen boom geen gras.

Het strenge kantwerk van angstbergen
in de verte, het absolute – wij staan hier
oog in oog met wat niet hoger kan.

De gids die rustig ademt zegt daar
is een kudde wilde yaks, zij leven
op zesduizend meter in de sneeuw.

Drie werden er ontvoerd en achter
tralies neergezet onder de schaduw
van een onbekende boom. Lucht

drukte loodzwaar op hun longen;
binnen veertien dagen dood
en niemand snapte hoe dat kon.

Een ijzig bergmeer aan mijn voeten,
een rivier die opkruipt naar haar bron.

DE VRAAGTEKENS

Al dat ijs, die vrieskou – hoezo?
Ik moet mij bezighouden met een vrouw,
zevenentwintig, die niet opschiet.

Daartoe alles stilleggen – waarom?
Van marmer moet zij worden, porfier,
basalt. Verandering hoort daar niet bij.

Gevoel moet stromen, zeggen ze – o ja?
Ik heb het liever vastgelegd, bevroren
in een onbeweeglijk en steriel patroon.

Misschien dat in de diepte rots en ijs ooit
vloeibaar – dat daar dan een inktzwart
water op ons wacht? Op haar, op mij?

GEEN GELUID GRAAG

Liever mijdt hij de hoogte, zegt
onze primarius. Het knarst en fluit,
afdaling zou hem opluchten, zucht hij.

Radeloos zit ik met de diepte tussen
mijn knieën, moet ik hem vangen als hij
valt, onverschrokken de laagte laten

klinken. Klinken! Met graagte zou ik hem
opjagen, omhoog zwepen tot de plaats
waar elk gezang onhoorbaar wordt

en wij hem volgen tot we alle vier met
stomheid zijn geslagen en versteende
strijkstokken onwrikbaar op de snaren staan.

EN ANDERSOM

Het huis verwarmd op eenentwintig graden,
drie truien, wollen sokken om te schrijven
over ijs, hoe schijnheilig kan je zijn?

Vertellen hoe bij elke ademhaling snot
bevriest. Met een sigaret. De kachel loeit
en wind giert over het plateau van Tibet.

Weigeren om wat dan ook te voelen terwijl
treurnis aan je trekt, je hart uiteen trekt
want je wil alleen maar terug en nooit meer

hier waar zij niet is. Je schrijft de bloemen
terug de aarde in. Je schreeuw blijft stom.
Omkering, kreeftengang. En andersom.

RAVEL, FORLANE

Het kind, vermomd als lied, danst
in zes achtste maat over de velden.
Ze neemt de sprongen in vervoering maar
aandachtig, met beleid maar driest.

Niet zeuren over ijs, verborgen in de baslijn,
maar geloven in het zweven boven gras.
'Leven', heet dat. Het is niet moeilijk.
Volstrekt onnodig dat de boel bevriest.

Vind nu een voorbeeld in de componist.
Dat is hovaardig, maar wie zo ten einde
raad is mag heel veel. Gedenk, als hij,
in eigen taal monter wie je verliest.

POPULUS ALBA

Zij is het symbool van de snelle, de lichte
dood, schrijft collega Verhelst over
de witte abeel, de zilverpopulier.

Populus alba in je witte jurk, wortelend
naast de Styx maar wat zegt dat? Zij staat
daar gewoon, met haar ruige kroon.

Zij heeft vederzacht dons onder de bladeren,
fluistert goedmoedig in de wind. Lichtminnend
noemt men haar. Een ideaal kind.

Zij drinkt koud water en groeit gestaag langs
een rechte lijn. Ze gehoorzaamt de seizoenen.
Je kan gerust kijken, het doet geen pijn.

Als zij is geveld kan je haar jaarringen
tellen. Doorzichtig bloed uit een blonde
wond. Licht en snel, als voorspeld.

UITZICHT

Hoog op de Olympus de beroofde dichters,
knokige knieën in sneeuw, met weerzin werkend
aan hun rouwzangen. Wat verloren ging moet
gevangen in taal. Ze zoeken koortsachtig naar
metaforen, de juiste. Rijmwoorden duwen ze
binnen de regels, hier en daar, waar het past.

De woorden als keien naar beneden smijten,
ze ketsen kwaad tegen de rotswand. Er is
een pad, neerwaarts, een vermoeden van struiken,
varens, riet. Het moeras ligt te wachten, daar zal je
thuiskomen, potlood verloren, woordeloos
stappend in een zompige kuil vol verdriet.

DE IJSBERGEN

De kleine zijn het gevaarlijkst, zegt Cook,
om de grote kan je heen varen al raak je
betoverd door hun kleuren, hun geheime holtes.

Eilanden van ijs, zegt hij, die zich in je baan
schuiven, zich verschuilen, die je de scheepshuid
gaan klieven, de koude ondergang aanzeggen.

Hij blijft door zijn oogglas de grote beloeren,
de ijskastelen die hoog als bergen drijven
en dansen op onpartijdig water. Geen groen,

wat houdt hij van groen, van wat zich opwerkt
uit spleten en kloven. Daar afstand van doen,
bedacht zijn op het onverwachts omkiepen,

paniek en ravage. Het is niets, alleen: weten
wordt vergeten, onder wordt boven. De kleine
zijn het gevaarlijkst, als je Cook wil geloven.

KOMPAS

Je kan net zo goed een kruiswoordraadsel,
een cryptogram oplossen. Goochelen met
woorden een gordijn dat indringers uitsluit.

Take that, dichter. Wat houd je weg met
je regels? Een vrouw uit haar geboortejaar
met brede heupen, grijzend haar? Een kind

om mee te lachen, zingen, spelen? Dek maar
toe, die ellende. Verleng het grafrecht, teken
naarstig de woorden op, rangschik je zinnen.

Alles zwart op wit en beeldspraak van steen.
Door de gordijnkier grijnst wanhoop je aan
als je klaar bent. Daar moet je heen.

Ter hoogte van het gras

NAAR BENEDEN

Vanaf veilige hoogte inzoomen op de kleine
omheinde ruimte, met angst voor de landing.

Onder de vijgenboom vervliegt de bezwete
schim van het kind tot een onverschillige leegte.

Struiken als doorgegroeid kapsel rond een oud
gezicht. Geen welkom, geen woord. Bestemming

bereikt. Nu thuisraken. Afleiding afschudden.
Liggen, niet op je rug met die hemel voor ogen

maar tegen de grond, mond en neus in de aarde. Voel
nu eindelijk eens wat hier stierf, hier bestond.

VAKANTIE

Je moet vakantie, zeggen ze, berglucht
en meer nemen dan geven. O nee,

de raadgevers weten van niets. Veel
weet ik niet uit te delen en reizen is:

vlucht. Tussen de hagen van de tuin
moet ik, onder de onnozele fruitbomen

met hun zinloze oogst ieder jaar, potten
vol appelmoes, vijgenjam, kweegelei,

– met de kleinkinderen, dat wel, jazeker –
ophouden met de weidsheid, de hoogte.

Wend je tot het robuuste gras, groen
tussen dorre plaggen. Niets beleven. Zijn.

EERBIED

Dat roepen en verlangen tegen beter weten in,
die idiote droom waarin je huilt en brult,
waaruit je wakker wordt met droge wangen
en een ongeschonden keel. Waar dat op slaat?

Bankroet van een moederschap. Je kan haar
niet eens toedekken, daar, in haar bed
van grond. Je houdt niet op met terugdenken
en foto's kijken. Deur dicht. Licht uit.

Vervang die lieflijkheid door wat er is, wat
het geval is – wreed, een leegte, een gemis –
en wees daarop belust. Heb eerbied voor
verdriet en laat het kind met rust.

SMARAGDHAGEDIS

Met de nieuwe tuinschaar gaat ze de ongepaste
groei te lijf, snoeit bloesem en verse takken
meedogenloos terug. Zomer, wat denken ze wel,
weg ermee. Meterslange lianen rukt ze
uit de hibiscus; de oranje kelken trillen,
de stam blijft onthutst en uitgekleed staan.

Het afval draagt ze hijgend weg, armenvol
smijt ze achter de rots. Als ze het niet meer
verwacht is hij plotseling daar, de smaragdhagedis,
soeverein en alleen. Hij negeert het verwelkende loof,
slaat geen acht op het stervende hout. Stil
ligt hij in zichzelf op de gloeiende steen.

REGENERATIE

De buxusmot raast door Europa, een storm,
een plaag. Op de Romeinse paden banen wij ons
een weg door slijmdraden, tussen rupsen
die merels en slangen versmaden. Stokken zwaaien
we als zwaarden voor ons uit. Het land zucht:
leeggevreten siertuinen, bruingrijze hagen.

Wie durft zet de bijl erin, ontsteekt het vuur
– een jaar later nog een zwart litteken naast
de schapentrog. Maar kijk, uit de stompen
barsten de nakomelingen, drie op een rij, frisgroen
glimmend, bedauwd, stomweg groeiend alsof
er niets is gebeurd, alsof er genoeg is gerouwd.

MUSEUM

Het huis een museum vol dingen:
Het schilderij, niet de schilder. De partituur,
geen pianist. Haar jurk, haar ringen.

Je hoort ze zacht zingen, bedrieglijke
sagen van vroeger. Vals nieuws, laag
op laag. Ze smoren je met bevelen.

Wat hier staat spint je in met
plakkende draden, kleeft je vast
in trappen en kamers. Hoe

zou het zijn uit je schoenen te springen,
de poort dicht te slaan? Blootsvoets
in het gras je ontdoen van herinneringen?

Dat gaat niet. Geen denken aan.

JAPANSE DUIZENDKNOOP

Getuchtigd en beknot in siertuin
en plantsoen; mismaakt, gemarteld
door de hovenier van dienst. Vlucht
is een vuile droom. Handlangers
van de vrijheid: vogels, wind.

Hij vestigt zich op allerarmste grond,
landjes met olievlekken waar geen kind
meer speelt, besmette waterlopen,
vuilnisbelt. Vernietig hem met vuur
en hij verrijst als eerste uit de as.

Laat hem daar staan. Zijn stengels
reiken naar het blauw, sluier van witte
bloesem overdekt met trots wat vies
en overtollig was. Begroet de indringer,
de vreemdeling in groene jas.

DE HOP, UPUPA EPOPS

Hier zag ik de hop, jaren terug, de zwerver,
de dwaalgast, nerveus scharrelend in kort gras.

Hij kroonde zich met zijn hoofdtooi alsof hij groette
en vloog wankelend weg. Deze plaats. Twee keer.

Niet het verlangen naar terugkeer is erg, maar
dat bespottelijk halsstarrig wachten, dat geloof

zonder hoop op een plotse verschijning. De hop,
hij dwaalt elders. Of hij dwaalt niet meer.

OPLUCHTING

Zoals na de hittegolf 's nachts een wolk
over de heuvels trekt en het dal bedekt,

de dorstende bomen en het bruine gras streelt
met een zachte regen. Op het terras raak je

bezet door een hete herinnering – de kastanje-
boomgaard in de bergen, veertig graden was het

maar de eeuwenoude bomen onverstoorbaar, hoog
als scheepsmasten. Dat daar nu water glimmend

langs de zwarte stammen druipt en de dorre
aarde haar geschenken brengt: verkoeling, troost.

STOF

Vanaf het hoogste terras schouwt de dichter
zijn tuin. De schim van mimosa en wijnstok,
de schaduw van wolfskers en vlier. Voor hem zijn
de namen een lied en de ranken een kunstwerk;
de tuin wordt een stip in de tijd. Het is hier.

Nu moet elke struik zijn water ontberen, nu
zal door streng indrogen straks deze tuin
zich versmallen op wit papier. Uitbenen,
snoeien. Zon verzengt wat beweegt, stof
zakt neer op dit helderste hoofdkwartier.

Buutvrij

BLOEMENTHEATER

De hoogmoed van de jeugd laat je
de lente haten, je ogen onverschillig
over stralend speenkruid gaan. Je moet
nog 's nachts de zee in draven, haastig
de toekomst in, met wuivend haar.

Nu kleven jaren aan je rug, verschrompeld
pantser dat je bij de grond bepaalt. Krom
kniel je boven fluitenkruid en kievietsbloem.
Je drinkt de geur van pas ontdooide aarde,
bewondert daslook, anemoon. Dit is toneel.

Vanuit je ooghoek zie je hem. Je rilt.
Hij staat verscholen bij de beuk en wacht
geduldig tot je klaar bent met de zorg
voor smeerwortel en nagelkruid. Een tuinman
met een zwarte hoed. Hij lacht.

UIT DE VERTE

Gemis sluipt als lood in de spieren, duisternis
kruipt door de bloedbaan. Nacht sluit je op
in een dwangbuis, fluweel. Het kind, onbekend
met verlies nog, rent kraaiend een dag in.

Je staart hem na. Hoe naar de uitgang? Waar
is je woede? Omhels het donker, kijk verlamd
naar een hemel waar vrienden een laatste keer
stralen als sterren, aanvaard de groet uit hun verte.

DE DWERG

De ronde glazen lift stijgt op,
een transparante kaasstolp met
als genrestuk een kleine man,
perfect van vorm, positie, kleur.
Zijn grijs gestreepte maatpak past
uitstekend bij zijn das. Schoenen
van kwaliteit. Een wandelstok.

De boze uitdrukking op zijn gezicht,
fel zwarte ogen, scherpe neus. Ik voel
mijn kleinzoons vuist verstijven in mijn
hand. Hij kijkt de wonderbaarlijke
verschijning op gelijke hoogte aan,
omsingelt hem met zijn ontluikende
verstand. Hoe heet hij, oma? Is hij echt?

De dwerg staat recht voor ons verbijsterd
tweemanschap en wijst ons af. De kleuterwangen
vangen voor het eerst ijzige wind van ongemak.

KLEINE THEODICEE

Hoe het kwaad binnenkomt? De eerste misprijzende
blik zaait de kiem van de schaamte. Bitter rijpen
de vruchten: schuld, onlust, razernij. Het kind
laat zichzelf in de steek en kent geen genade.

Hij wil naar het zeilkamp. Kamp? De ouders
graven zwijgend een kloof zonder brug. Over moord
en marteling valt niet te spreken. Zij worden halve
vreemden voor het kind. Het is niemands schuld.

Een tijdlang is het laatste pijnpunt te omzeilen:
het koude konijn zal morgen weer rennen, tijd
zonder zichzelf kan het kind niet bevatten. Angstig
en stil zal hij zijn met zijn eindigheid, voorgoed.

BOTERDEEG

De overtolligen breken zich het hoofd over erfpacht,
rijbewijs. Ze troosten zich met vlakke natuur en
drie keer per jaar de kleinkinderen. Veel televisie.

Ze slapen lang en slecht, hun dromen bevolkt
door doden, films van zestig jaar terug waaruit
zij verward ontwaken. Het is niet leuk, niet leuk.

De machine hapert en loopt vast, gevoed met oude
brandstof. Het opdoemen van leegte moet kost
wat kost vermeden. Traag worden taken uitgerekt.

(Waarom zo hard? Zoek rijmwoorden, een wiegend
ritme, tederheid. Haaruitval is niet erg en het gebit
houdt zich nog best. Mild, zeggen ze, vrijgevig. Kalm.)

Leugens zo zacht als boterdeeg. De nuttelozen zijn
tot op hun bot vermoeid. Hoe moet het dán? Geen
afleiding is het begin. Vervolgens met getergde
ruggengraat rechtop staan en het slagveld overzien.

Dan kieper je – geen angst, geen afgunst – heel dat
reservoir aan kennis en herinnering de afgrond in.

COOK NADERT KEALAKEKUA BAY

Achterkant van de wereld. Hij vaart op een eiland
aan. Een grijze streep. Hij is zo moe dat uitrusten
niet baat. Pijn in de leden, onvermogen om rechtop
te staan. We gaan weer sief en ratten brengen,
denkt hij, en wat zou ik graag die geile kerels,
stomme tronies, met mijn zweep het dek af slaan.

Was ik maar niet op reis gegaan die derde keer.
Het is genoeg. Straks weer een opperhoofd in
verenkleed, gistende drank, kapotte taal, een klont
van weerzin in mijn keel. Geen thuiskomst meer.

We komen dichterbij. De rotswand in de late zon
licht op: mijn land! Nee, niet de balzalen van Londen
maar de klippen van mijn jeugd. Ga daar maar liggen
op het strand, schuimende branding op je huid. Dan
kan je kalm verdwijnen in de laatste slaap, in zand.

DE SCHAPENTROG

Onachtzaam smijt de hazelaar zijn noten
in het water. Ze dobberen onzeker op de stroom
die grillig is, onder de spiegel vreemde sporen trekt.

Ze dringen bij de uitgang, glippen dan geluidloos
overboord, de hartaanval, de hersenbloeding. Niets
gemerkt, het licht gaat uit, geen flits, geen knal.

Kanker en spierziekte verschuilen zich graag langs
de rand tot ze door windvlaag, regenval of schapenkop
de kant opgaan waar ze niet willen zijn.

En in de allerverste hoek ontkenners die zich veilig
wanen, nergens last van hebben, nergens pijn.

De toeschouwer bijt op haar potlood, doet
een stapje terug. Afstand. Maar klein.

DE HARLINGEN-TERSCHELLING RACE

De schipper, de grootvader, zuidwesterdrager zegt
aan de vooravond dat wij varen met het tij om vier uur
's nachts. We aten hutspot, dat ging niet. De wind zal
ruimen en hij wil het schip verhalen. Ik blijf in mijn kooi.

De lamp is uit, ik knijp mijn ogen dicht. De zee likt
aan de scheepswand. Dan krimpt de boot. Ik ben alleen.
Weer in het zeil over mij heen, het stinkt. De touwen kreunen,
knappen, gaan onmachtig op het water slaan. Afdrijven

met de storm. Nu niet bewegen maar verstard afwachten,
afzien van de prijs. Er is een hond aan boord die mij niet
aardig vindt en ik hem wel. Niets aan te doen, we vliegen
naar een angstig eindstation. Het is de laatste reis.

AANZEGGING

Verbeelding, oefening. Ook op het eindtraject.
Een gladgeschoren Pythia kijkt op zijn scherm
en geeft je nog een maand of twee. Je kan hem
nauwelijks verstaan want in je oren bruist een zee.
Je grijpt naar je agenda, schrijft het bijna op.
Je durft niet op te staan.

Zal je hem wurgen met zijn stethoscoop of
voor een contra-expertise naar Dodona gaan?
Verlamming legt zich in je neer. Het is een spel,
maar als je nu niet oplet wordt je eind een plicht
en komt geen vriendelijker godheid voor je op. Dwing
je misleide lijf omhoog, geef hem een brave hand.

Je wijgeschenken deugden niet, het is je eigen
schuld. Geen schaap geslacht, geen tijm verbrand,
geen offer dat door de inspectie kwam. 'Doe je
piano dicht, verkoop je olifant.'

Geef je ten slotte over aan een kalmte, koel
als oude steen, die alles overdekt wat je niet
hebben kan: woede, teloorgang, machtsverlies.
Gemis. Dit was les één.

VOOR DE STILTE

De drummer is drie jaar. Hij heeft
de hele dag een liedje in zijn hoofd.
Jij ook, oma? Ja, oma ook. Al wat zij
ooit gehoord, gespeeld, gezongen heeft
ligt in die jukebox vastgelegd. Dat blijft.

O ja? Als het haar wit voor ogen wordt
omdat het zover is? Als zij verlangt naar
pauken en trompetten en misbaar? Buiten
de tijd verstomt alle muziek. Het is de hel.
Dat gaat ze niet vertellen aan de trommelaar.

AFSCHEIDSGROET

Ach lezer, die mij tot dit einde heeft gevolgd
– hijgend in hittegolven, naar adem happend
op de hoogvlakte, met hink-stap-sprong over
onzalige passages heen en hoestend in de blauwe
walm uit de kapotte knalpot van Demeters brommer –,
ontvang mijn dankbaarheid.

Dat u de duizendknoop bekeek, hoofdschuddend,
en de hop herkende. Dat u de zilverpopulier in heel
haar schoonheid heeft aanschouwd. Ik denk het
maar hier staat slechts tekst, een schema
dat u vullen zal. Of niet. Het zij zo.

Hoe dan ook is hier mijn afscheidsgroet: wantrouw
de woorden. Luister goed. En koester de muziek.

AANTEKENINGEN

De cyclus 'Demeter' verscheen in oktober 2019 in *Het liegend konijn*.

De cyclus 'Hoog, wit, koud' werd opgenomen in het zomernummer 2020 van *Poëziekrant*.

'Ravel, Forlane' – dit is een van de zes delen uit 'Tombeau de Couperin'. Ravel droeg de verschillende delen van deze suite op aan vrienden die in de Eerste Wereldoorlog omkwamen.

'Cook nadert Kealakekua Bay' – in deze baai op Hawaï stierf James Cook tijdens zijn derde ontdekkingsreis in een gevecht met de bevolking. De klippen rond de baai zijn vrijwel identiek aan die van de kust in Yorkshire waar Cook opgroeide.

In 'Aanzegging' staat een toespeling op het volgende citaat van Vladimir Nabokov:
> *Irène de Grandfief, la pauvre et noble enfant*
> *ferma son piano... vendit son éléphant.*
>   Uit *Ada*, 1969

COLOFON

Berichten van het front van Anna Enquist werd in 2020 in opdracht van Uitgeverij De Arbeiderspers volgens ontwerp van Steven van der Gaauw gezet uit de DTL-Haarlemmer en gedrukt door Drukkerij Wilco op 80 grams houtvrij romandruk.

MIX
Papier van
verantwoorde herkomst
FSC® C004472